BEI GRIN MACHT SICH IHR WISSEN BEZAHLT

AF140306

- Wir veröffentlichen Ihre Hausarbeit,
  Bachelor- und Masterarbeit

- Ihr eigenes eBook und Buch -
  weltweit in allen wichtigen Shops

- Verdienen Sie an jedem Verkauf

Jetzt bei www.GRIN.com hochladen und kostenlos publizieren

Bibliografische Information der Deutschen Nationalbibliothek:

Die Deutsche Bibliothek verzeichnet diese Publikation in der Deutschen National-
bibliografie; detaillierte bibliografische Daten sind im Internet über http://dnb.d-
nb.de/ abrufbar.

Impressum:

Copyright © 2014 GRIN Verlag
Druck und Bindung: Books on Demand GmbH, Norderstedt Germany
ISBN: 9783668834903

Dieses Buch bei GRIN:

https://www.grin.com/document/449130

Christoph Schwichtenhövel

IFRS 4 fu r Versicherungsvertra ge. Präsentation zur Entwicklungsgeschichte des IFRS 4

GRIN Verlag

GRIN - Your knowledge has value

Der GRIN Verlag publiziert seit 1998 wissenschaftliche Arbeiten von Studenten, Hochschullehrern und anderen Akademikern als eBook und gedrucktes Buch. Die Verlagswebsite www.grin.com ist die ideale Plattform zur Veröffentlichung von Hausarbeiten, Abschlussarbeiten, wissenschaftlichen Aufsätzen, Dissertationen und Fachbüchern.

Besuchen Sie uns im Internet:

http://www.grin.com/

http://www.facebook.com/grincom

http://www.twitter.com/grin_com

IFRS 4 für Versicherungsverträge – ein Ende in Sicht?

IFRS 4 für Versicherungsverträge – ein Ende in Sicht?

Inhalte des Vortrags

- Entwicklungsgeschichte des IFRS 4
- IFRS 4 - Phase I
- IFRS 4 - Phase II: Discussion Paper, Exposure Draft, Re-Exposure Draft
- Kritik am aktuellen Entwurf
- Fazit

Entwicklungsgeschichte des IFRS 4

Entwicklungsgeschichte des IFRS 4

Notwendigkeit der Entwicklung des IFRS 4

- Verpflichtung zur Bilanzierung nach IAS/IFRS seit 2005 für EU-Konzernabschlüsse
- Fehlen von spezifischen Bewertungsvorschriften für Versicherungsverträge
- Anwendung diverser regionaler Bilanzierungspraktiken
- Entstehung von Bewertungsunterschieden
- Eingeschränkte Vergleichbarkeit der Abschlüsse
- Notwendigkeit der einheitlichen Regelung

Zielsetzung der IFRS -

Anpassung der Rechnungslegung im Rahmen der zunehmenden Globalisierung

- Information der Rechnungslegungsadressaten
- Internationale Vergleichbarkeit und Transparenz
- Entscheidungsnützlichkeit
- Anlegerschutz
- Vertrauenserhalt in Finanzmärkte
- Regelungslücken vermeiden

Zeitlicher Ablauf der Standarderstellung

- Projektstart 1997
- Ausarbeitung des Standards in zwei Phasen
- Ergebnis Phase I: Übergangsstandard
- Zielsetzung Phase II: endgültiger Standard
- Verpflichtende Erstanwendung 2018?

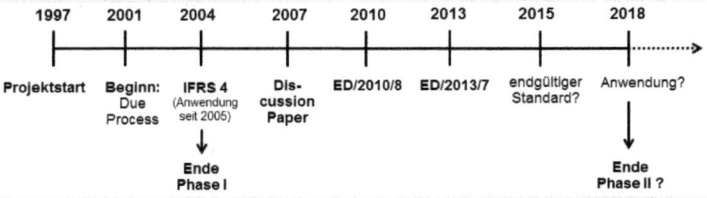

Abbildung: eigene Darstellung

3

Entwicklungsgeschichte des IFRS 4

Ursachen der langjährigen Entwicklungsdauer

- Kommentierungsfristen länger als 90 Tage
- Vielzahl an Stellungnahmen und Kritik
- Stetige Anpassung und Überarbeitung der Bewertungsvorschläge
- Schwierigkeiten bei der Konsensfindung mit dem FASB
- Inhaltliche Komplexität der Bewertungs- und Bilanzierungsmethoden

IFRS 4 für Versicherungsverträge

7

IFRS 4 - Phase I

4

Anwendungsbereich

- Seit 2005 bis zum Abschluss von Phase II anzuwenden
- Anwendung auf Versicherungsverträge und Rückversicherungsverträge sowie Finanzinstrumente mit einer ermessensabhängigen Überschussbeteiligung
- Definition eines Versicherungsvertrags: Übertragung eines signifikanten Versicherungsrisikos vom Versicherungsnehmer auf das Versicherungsunternehmen
- Eingebettete Derivate: Ausnahme von der Zerlegungspflicht
- Unbundling: getrennte Bilanzierung von Versicherungs- und Einlagenkomponenten

Ansatz- und Bewertungsvorschriften

- Grundsatz der Fortführung von bisherigen Rechnungslegungsmethoden
- Einschränkungen bei der Befreiung von anderen IFRS-Vorschriften:

  Verbot der Bildung von Rückstellungen für Verpflichtungen aus Verträgen, die zum Stichtag noch nicht bestehen (z. B. Großrisiken- und Schwankungsrückstellungen)

  Verpflichtung zur Durchführung eines Angemessenheitstests für Verbindlichkeiten

  Verbot zur Saldierung von Rückversicherungsvermögenswerten in der Bilanz und GuV

  Verpflichtung zur Überprüfung von Rückversicherungsvermögenswerten auf Wertminderungen

  Ausbuchung einer Versicherungsverbindlichkeit erst nachdem diese getilgt ist

5

Ansatz- und Bewertungsvorschriften

- Änderungen von Rechnungslegungsmethoden, wenn sie den Abschluss hinsichtlich seiner Relevanz oder Verlässlichkeit für den Adressaten verbessern
- Neubewertung von Versicherungsverbindlichkeiten ist gestattet, um aktuelle Marktzinssätze zu verwenden
- Möglichkeit zur Schattenbilanzierung (= Eigenkapitalkorrektur)
- Fortführung, aber keine Neueinführung bestimmter Vorgehensweisen
- Erwerb von Versicherungsverträgen durch Unternehmenszusammenschluss oder Bestandsübertragung: Fair Value Bilanzierung (Wahlrecht)
- Ermessensabhängige Überschussbeteiligung: Versicherungsnehmer wird am Überschuss beteiligt, allerdings liegt die Fälligkeit oder die Höhe der Beteiligung im Ermessen des Versicherers

Offenlegungsvorschriften

- Rechnungslegungsmethoden und Wertansätze für die Vermögenswerte, Verbindlichkeiten, Erträge und Aufwendungen
- Cash Flows, falls die Kapitalflussrechnung nach der direkten Methode aufgestellt wird
- Verfahren, die zur Bestimmung von Annahmen angewendet wurden und die größte Auswirkung auf die Bilanzierung von Vermögenswerten und Verbindlichkeiten haben
- Einzelne Auswirkungen von Änderungen dieser Annahmen
- Berichtspflichten zu Risiken (Ziele, Ausgleich, Konzentration, Schadenentwicklung)
- Ausgewogenheit quantitativer und qualitativer Angaben
- Ermessensspielräume hinsichtlich Detaillierungsgrad und Gliederung der Angaben

Bewertung und Gründe für die Weiterentwicklung

- Aufgrund der Wahlrechte und fehlenden detaillierten Vorschriften bestehen zu viele Unterschiede in der Anwendung

- Anhangangaben helfen den Adressaten, die entsprechenden Vorgehensweisen besser nachzuvollziehen, wenn auch mit deutlich erhöhtem Aufwand

- Inkonsistenz der Vorgehensweisen von Versicherern und anderen Finanzinstitutionen (z. B. Banken)

- Asset-Liability-Mismatch: Problematik der unterschiedlichen Bewertung von Aktiva und Passiva

Phase II:
IASB Discussion Paper (2007)

Fakten

- Veröffentlichung: Mai 2007
- Kommentierungsfrist: November 2007

- Anwendung auf: Versicherungsverträge / Rückversicherungsverträge im eigenen Bestand
- Anwendung über die gesamte Vertragsdauer

- Grundlegender Bewertungsansatz: Current Exit Value

Current Exit Value

- Def.: "The amount the insurer would expect to pay at the reporting date to transfer its
  remaining contractual rights and obligations immediately to another entity."
  (Vgl. DP/2007/5.93 (2007))
- 3 Bausteine:

Schätzung der zukünftigen Cash Flows	Abzinsungs-faktor	Risiko-/Servicemarge

8

Cash Flows

Schätzung der
zukünftigen Cash Flows

- Explizit
- Marktkonsistent
- Vollständig
- Aktuell
- Unternehmensneutral

→ Orientierung an Marktpreisen

→ Berücksichtigung versicherungsspezifischer Risiken (bspw. Sterbewahrscheinlichkeiten)

→ Keine Verfahrensanweisungen, nur mögliche Quellen für Schätzwerte

Abzinsungsfaktor

Abzinsungs-
faktor

- Am Markt für Verbindlichkeiten
- Mit gleicher Laufzeit
- Währung
- Und Liquidität
- beobachtbar

→ Abzinsung sämtlicher Versicherungsverträge

→ IASB: höhere Relevanz und Konsistenz

Risikomarge

=Kompensation für die Übernahme von Risiko

=Nicht beobachtbar

=Einschätzung anderer Marktteilnehmer

=Unklar, wie marktadäquate Risikomarge zu bemessen ist

Risiko-/
Servicemarge

→ Nennung möglicher Techniken, u.a.:

| Conditional Tail Expectation | Confidence Levels |

| Explicit Margin within a Specified Range |

| Capital Asset Pricing Model | Cost of Capital |

Servicemarge

=Kein Pflichtbestandteil

=Berücksichtigung sonstiger Dienstleistungen

=Anzusetzen, wenn Marktteilnehmer dies ebenfalls machen würde

=Bsp.: Investment-Angebote als Teil des Lebensversicherungsvertrags

Risiko-/
Servicemarge

Initialer Gewinnausweis

- Bei Bewertung gem. Current Exit Value möglich
- Abhängig von der Risikomarge
  - → Problem: verlässliche Schätzung schwierig
  - → tiefgreifendes Wissen über Wahrscheinlichkeitsverteilung der Cashflows benötigt
  - → zusätzliche Angaben über Berechnungsmethoden unerlässlich

Zwischenfazit

- Hypothetischer Verkaufspreis nicht realistisch, da kein Markt für Versicherungsverträge
- Weiterhin diverse Spielräume bei Bewertung möglich
- Initialer Gewinnausweis entspricht nicht der wirtschaftlichen Realität
- Viele theoretische Annahmen ohne weitergehende praktische Erläuterungen

Phase II:
IASB Exposure Draft ED/2010/8

Phase II: IASB Exposure Draft ED/2010/8

Fakten

- Veröffentlichung: Juli 2010
- Kommentarfrist: November 2010

- Anwendung auf Versicherungverträge, Rückversicherungsverträge und best. Verträge ohne signifikantes Versicherungsrisiko

- Grundlegender Bewertungsansatz: Present Value of the Fulfilment Cash Flows + Residual Margin

Present Value of the Fulfilment Cash Flows

- Entspricht im Wesentlichen den drei Bausteinen aus dem Discussion Paper
- Servicemarge nicht mehr Teil der Bausteine

Schätzung der zukünftigen Cash Flows	Abzinsungs-faktor	Risikomarge

Risikomarge

- Schätzung weiterhin schwierig
- Drei explizite Techniken der Ermittlung zur Wahl:

Risikomarge

Conditional Tail Expectation   Confidence Levels

Explicit Margin within a Specified Range

Capital Asset Pricing Model   Cost of Capital

Residual Margin

- Eliminiert anfängliche Gewinne
- Tritt auf, wenn Cash-Outflows + Risk Adjustment < Cash Inflows
- Falls umgekehrt, Erfassung als Aufwand in der GuV
- Marge soll auf Basis eines Portfolios mit Verträgen ähnlicher Abschluss- und Laufzeit bestimmt werden

Folgebewertung

- Ansatz mit Present Value of the Fulfilment Cashflows + verbleibende Residual Margin
- Auslösung der Residual Margin planmäßig und erfolgswirksam über Vertragslaufzeit
- Zahlungsströme sind zu jedem Bewertungsstichtag neu zu schätzen
- Abweichungen als Experience Adjustments erfolgswirksam zu erfassen

Zwischenfazit

- Erfolgsneutralität der Eingangsbewertung in der Folgebewertung nicht mehr existent
- Folgebewertung ähnlich Fair Value, jedoch ohne dass ein Markt für Versicherungsverträge existiert
- Gefahr der Verzerrung bei Schätzung
- Accounting mismatch, falls Aktiva zu AHK folgebewertet werden
- Bewertungseinheit „Portfoliobasis" unscharf

Phase II:
IASB Re- Exposure Draft ED/2013/7

IFRS 4 – Re-Exposure Draft ED/2013/7

Modifizierung des Exposure Drafts ED/2010/8

- Kritik an der Ausgestaltung des Standards des ED/2010/8
- Beibehaltung der grundlegenden Konzepte und Regelungen

- Jedoch wesentliche Änderungen in fünf Themenbereichen:
  - I.   Folgebewertung der Restmarge
  - II. Mirroring-Approach
  - III. Earned Premiums Approach
  - IV. OCI-Solution
  - V.   Retrospektive Anwendung des Standards

IFRS 4 für Versicherungsverträge 31

IFRS 4 – Re-Exposure Draft ED/2013/7

I. Folgebewertung der Restmarge:

- Restmarge → Contractuel Service Margin (CSM)
- CSM = erwartete Einzahlungen ./. erwartete Auszahlungen zzgl. Risikomarge
- Kein Gewinnausweis bei Erstbewertung
- Gewinnglättung durch erfolgswirksame Auflösung über Vertragslaufzeit
- CSM als Auffangposten für Schätzungsänderungen bzgl. der Zahlungsströme künftiger Schadenfälle (Unlocking)
- Abschmelzung der CSM bis auf Null, danach aufwandswirksame Erfassung

IFRS 4 für Versicherungsverträge   16   32

II. Mirroring-Approach:

- Anwendung auf die ermessensabhängige Überschussbeteiligung
- Vermeidung des Asset-Liability-Mismatches
- Gleiche Bewertungsmethodik für die vom Underlying abhängigen Cash Flows und das Underlying selbst

III. Earned Premiums Approach:

- Zusätzliche Abbildung einer Volumensgröße in der GuV
- Umsatz aus Verträgen = Änderungen der CSM und der Risikomarge, direkt zurechenbaren Kosten, erwartete Zahlungen für Schäden und Leistungen

  + Transparente Umsatzdarstellung

  − Komplexe, aufwendige Umsetzung

IV. OCI-Solution (Other Comprehensive Income):

- Erfolgsneutrale Erfassung der zinsinduzierten Änderungen der versicherungstechnischen Rückstellungen
- Erfassung im OCI / Neubewertungsrücklage auf der Passivseite
- Keine ständige GuV-Beeinflussung durch kurzfristige Marktänderungen
- Zu erfassender Betrag = historischer Buchwert ./. aktueller Buchwert

V. Retrospektive Anwendung des finalen Standards

- Rückwirkende Berechnung der CSM und Risikomarge für Bestandsgeschäfte
- Nutzung vereinfachter Berechnungsverfahren auf Basis von Schätzungen

Kritik am aktuellen ED/2013/7

Kritik am aktuellen ED/2013/7

- Mangelnde Handhabbarkeit
- Noch inkonsistente und zu allgemeine Anwendungsvorschriften der Regelungen
- Uneinigkeit über Bewertungsmethoden
- Hoher Umstellungs- und Umsetzungsaufwand
- Schwierigkeiten bei der retrospektiven Margenbestimmung bei Erstanwendung
- Keine einheitliche bzw. vergleichbare Versicherungsvertragsbewertung, da subjektive Schätzungen der Cash Flows

Fazit

Fazit

- Veröffentlichung des finalen Standards in 2015 mit Erstanwendung ab 2018

- <u>Jedoch:</u> - Noch keine vollständige Beendigung des "Projektes" IFRS 4
  - Sukzessive Annährung an einen finalen Standard
  - Weitere Dikussionen zu offenen Punkten

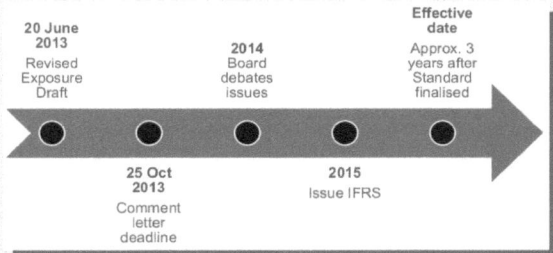

Abbildung: IFRS Foundation (2014): Insurance
Contracts Project Update: September 2014

38

IFRS 4 für Versicherungsverträge
- ein Ende in Sicht?

Abbildung: IFRS Foundation (2014): Insurance
Contracts Project Update: September 2014

39

Bewertungs- und Bilanzierungsstandard für Versicherungsverträge

VS.

Individuelle bilanzielle Behandlung von Versicherungsverträgen

20

Abbildung: IFRS Foundation (2014): Insurance
Contracts Project Update: September 2014

40

Quellenverzeichnis

- Bieg, Hartmut et al. (2006): Handbuch der Rechnungslegung nach IFRS. Düsseldorf: IDW.
- Deloitte (2014): IFRS-Newsletter zur Versicherungsbilanzierung: Das IASB kommt auf der Agenda voran, Abruf am 21.09.2014.
- Deloitte (2013): IFRS-Newsletter zur Versicherungsbilanzierung: Der Comment Letter von Deloitte, Abruf am 21.09.2014.
- DP/2007/5 (2007): Discussion Paper: Preliminary Views on Insurance Contracts. IASC Foundation. London: IASC Foundation Publications Department.
- Ernst and Young GmbH Wirtschaftsprüfungsgesellschaft (2013): IFRS 4 Phase II – Operational Impacts, Abruf am 22.08.2014.
- Grünberger, David (2012): IFRS 2013: Ein systematischer Praxis-Leitfaden, 11. Aufl. Herne: nwb.
- Heller, Sylvia (2009): Die Bilanzierung von Versicherungsverträgen nach IFRS: Eine ökonomische Analyse. Köln: Josef Eul Verlag.
- Hommel, Michael/Bielke, David/Zicke, Julia (2013): Bilanzierung von Versicherungsverträgen nach ED/2013/7 – Gewinnglättung dominiert fair value. In: Kapitalmarktorientierte Rechnungslegung, 13 (9): 404-412.

Quellenverzeichnis

- IFRS 4 Versicherungsverträge. Übernommen durch: Verordnung (EG) Nr. 1126/2008 der Kommission vom 3. November 2008 zur Übernahme bestimmter internationaler Rechnungslegungsstandards gemäß der Verordnung (EG) Nr. 1606/2002 des Europäischen Parlaments und des Rates. In: Amtsblatt der Europäischen Union L 320: 390-404 vom 29.11.2008.
- IFRS Foundation (2013): Exposure Draft ED/2013/7 Insurance Contracts, Abruf am 21.09.2014.
- IFRS Foundation (2014): Insurance Contracts Project Update: June 2014, Abruf am 15.09.2014.
- Pellens, Bernhard/Fülbier, Rolf Uwe/Gassen, Joachim/Sellhorn, Thorsten (2011): Internationale Rechnungslegung: IFRS 1 bis 9, IAS 1 bis 41, IFRIC-Interpretationen, Standardentwürfe. 8. Aufl. Stuttgart: Schäffer-Poeschel.
- Rockel, Werner et al. (2012): Versicherungsbilanzen, 3. Aufl. Stuttgart: Schäffer-Poeschel.
- Schlüter, Jörg (2009): Der Regelungsinhalt von IFRS 4. In: Bohl, Werner/Riese, Joachim/ Schlüter, Jörg (Hrsg.): Becksches IFRS-Handbuch, 3. Aufl. München: C. H. Beck: 1466-1486.